ORAISON FUNÈBRE

DE

MONSEIGNEUR

Claude-Henri-Augustin PLANTIER

ÉVÊQUE DE NIMES

prononcée le 2 juin 1876

DANS L'ÉGLISE CATHÉDRALE DE NIMES

PAR

Monseigneur BESSON

SON SUCCESSEUR

NIMES

IMPRIMERIE LAFARE FRÈRES

place de la Couronne, 1

—

1876.

ORAISON FUNÈBRE

DE

MONSEIGNEUR

Claude-Henri-Augustin PLANTIER

ÉVÊQUE DE NIMES

prononcée le 2 juin 1876

DANS L'ÉGLISE CATHÉDRALE DE NIMES

PAR

Monseigneur BESSON

SON SUCCESSEUR

NIMES

IMPRIMERIE LAFARE FRÈRES

place de la Couronne, 1

1876.

NIMES. — IMPRIMERIE LAFARE FRÈRES, PLACE DE LA COURONNE, 1.

ORAISON FUNÈBRE

DE

MONSEIGNEUR

CLAUDE-HENRI-AUGUSTIN PLANTIER

ÉVÊQUE DE NIMES

PAR

Monseigneur BESSON, son successeur

*Esto vir fortis, et pugnemus pro populo
nostro et civitate Dei nostri.*
Sois brave et viens combattre pour notre
peuple et pour la cité de notre Dieu.
II. Reg. 12, 10.

MONSEIGNEUR, (1)

Le 25 mai 1875, une nouvelle aussi cruelle à votre cœur qu'elle était inattendue, partait de cette cathédrale et allait frapper comme d'un coup soudain toute la ville, tout le diocèse, toute la France, toute l'Eglise, et comme dirait Bossuet, l'humanité toute entière : l'évêque de Nimes est mort ! En lisant ces deux mots qui firent en quelques minutes le tour du monde, il y eut dans l'univers catholique comme un instant du plus douloureux étonnement ; puis les grandes images de l'éloquence et de la bravoure se présentèrent à tous les esprits ; on se rappelait Fléchier, et le siége de Nimes semblait porter pour la seconde fois le deuil du grand siècle ; on se rappelait Turenne que Fléchier avait chanté et dont la mort mit toute

(1) Mgr de CABRIÈRES, évêque de Montpellier.

l'Europe dans le silence ; c'était sur un autre champ de bataille les mêmes larmes et la même stupeur. Pie IX pleura le défenseur de l'Eglise, comme Louis XIV avait pleuré le défenseur de la France. Lyon, Genève, Avignon, Perpignan, Montpellier, Valence, Viviers envoyèrent leurs pontifes pour célébrer les obsèques ; notre assemblée nationale où la députation du Gard tenait une si grande place, se fit représenter dans le convoi, et si j'en juge par les impressions et les sentiments que je vis éclater autour de moi, à deux cents lieues de ce tombeau, il n'y eut presque pas un prêtre qui, même sans avoir connu Mgr Plantier, ne se mit à le pleurer ; pas un prêtre qui ne portât à l'autel ce nom connu de tout l'univers.

D'où venait cette stupeur profonde dans une douleur si unanime ? Pourquoi, j'emploie encore ici la langue de Bossuet, chacun de nous se sentait-il frappé comme si quelque tragique accident eut désolé sa famille ? Vous pleuriez un évêque, mais l'Eglise pleurait un héros. Quelque illustre que soit le siége de Fléchier, le coup avait porté plus haut et retentissait plus loin. Cependant nulle part, mais à Nimes moins qu'ailleurs, on ne saurait prier pour Mgr Plantier sans parler de lui. Voilà pourquoi tant de voix éloquentes ont déjà commencé cet éloge. Le chapitre de cette cathédrale l'inaugure (1) ; les archevêques d'Avignon et d'Aix le poursuivent (2) ; à chaque service funèbre éclate une nouvelle louange ; le sujet demeure toujours inépuisable, et quand le service du bout de l'an est arrivé, il semble que le successeur de Mgr Plantier n'a pas seulement le droit, mais le devoir de le louer, de l'étudier, de le pleurer, comme pour demeurer fidèle aux exemples qu'il en a reçus. Je l'entends, je le vois, il m'appelle au combat et m'entraîne à sa suite : « Sois brave et combattons ensemble pour notre peuple et pour la cité de notre Dieu. *Esto vir fortis et pugnemus pro populo nostro et civitate Dei nostri.*

Me voici, ô saint Pontife, je viens me mettre à votre école et méditer votre vie. Laissez-moi pénétrer le secret de votre grande

(1) Oraison funèbre de Mgr Plantier, prononcée le jour des obsèques, par M. le chanoine Gilly.

(2) NN. SS. les archevêques d'Avignon et d'Aix ont prononcé de nobles et touchantes allocutions, l'un dans la cérémonie de l'enterrement, l'autre dans le service du quarantal.

âme. Je voudrais révéler à cet auditoire comment se fait dans l'Eglise l'éducation d'un brave : *Esto vir fortis* ; je voudrais me redire à moi-même comment vous avez combattu pour le peuple de Nimes et pour toute l'Eglise qui est la cité de notre Dieu : *Pugnemus pro populo nostro et civitate Dei nostri.*

En deux mots, l'apprentissage et l'exercice du courage épiscopal, voilà toute la matière de ce discours consacré à la mémoire de notre ILLUSTRISSIME ET RÉVÉRENDISSIME PÈRE EN DIEU, MONSEIGNEUR CLAUDE-HENRI-AUGUSTIN PLANTIER, ÉVÊQUE DE NIMES.

I. — Dieu qui voulait allumer de sa bouche un grand courage dans le cœur de votre évêque ne négligea rien, ce semble, pour rendre plus visible et plus éclatante l'œuvre de la grâce en l'opposant, par un perpétuel contraste, à l'œuvre de la nature. En apparence, rien ne fait présager des destinées militantes à l'enfant qui naît le 2 mars 1813 dans le village de Ceyzerieux. Son berceau est, comme un nid de colombe, entouré d'eaux, d'arbres et de fleurs. Ses premiers regards ne reposent guère que sur d'agréables et verdoyants paysages, soit qu'il les porte sur les plus hautes cimes du Bugey, entre-coupées çà et là par des châteaux ou des villages dont la blancheur fait ressortir encore mieux la sombre verdure des sapins qui les encadrent, soit qu'on lui indique à l'horison les replis du Rhône ou le lac du Bourget. Partout des saules et des peupliers, des champs qui le disputent en fécondité à la vigne des coteaux, et dans un lointain mêlé d'ombre, des prairies dont la fraîcheur est entretenue par les sources qui descendent des montagnes, par les canaux que le Rhône s'est creusés dans le sol où il disparaît comme pour prendre de nouvelles forces avant de se précipiter dans la majestueuse rapidité de son cours.

Tel s'élancera l'athlète du Seigneur. Mais que de jours obscurs précèderont encore ses brillantes destinées! Son père est un jardinier qui, au jugement du monde, ne lui léguera guère que sa bêche et son goût pour la culture des fleurs; sa mère, l'humble domestique d'un château voisin, est trop faible pour le nourrir, après lui avoir donné le jour; déjà la mort la guette comme une proie, et elle l'emportera bientôt après avoir frappé sa fille au berceau, second et dernier fruit de cette frêle union. Qui aurait pu croire alors que Claude-

Henri Plantier grandissait dans cet humble ménage pour descendre un jour dans l'arène de l'Eglise et livrer d'interminables combats? Il est pâle, frêle et chétif, et personne n'oserait assurer qu'il verra sa vingtième année. Pour comble de disgrâce, il faut que ses parents quittent Ceyzérieux et cherchent une terre plus propice à la bêche du jardinier. Ils s'arrêtent un moment à Belley, mais ce n'est guère que pour y laisser derrière eux le tombeau de leur fille en n'emportant pour toute épargne que quatre cents francs, gages accumulés de deux pauvres domestiques. La paroisse de Saint-Cyr, près de Lyon, fut leur troisième étape. Encore des eaux, des vergers et des fleurs, comme pour charmer les yeux de l'enfant et peupler son âme de belles et poétiques images. Ainsi s'éveillait sa jeune imagination et la lecture des grands écrivains achevait l'ouvrage de la nature. Ne vous étonnez pas de trouver des livres choisis dans cette modeste demeure. Le jardinier de Saint-Cyr était beau de taille et de figure, distingué dans ses manières, éminent par les qualités naturelles de son esprit. N'ayant pu l'exercer que dans la culture des fleurs, il dominait par son génie ceux de sa profession, forçait leurs respects, et créait, au sein même de sa famille sans éducation et sans fortune, une atmosphère élevée où croissait l'enfant devenu l'unique objet de ses tendres soins. On dit que, parmi les espèces qu'il a greffées et fécondées de ses mains, une rose porte aujourd'hui le nom de *rose Plantier*. Heureux jardinier, disait le monde, père plus heureux encore dirai-je à mon tour, ce n'est pas une rose, c'est une immortelle que vous avez semée pour les jardins de l'Eglise.

Le père qui regrettait pour lui-même les bienfaits de l'éducation classique les procura à son fils en développant sa mémoire et en luttant avec lui à qui apprendrait le plus vite et réciterait le mieux les pages de Télémaque. Ce n'est pas seulement avec les anciens, comme Fénélon qu'il persuade à l'enfant l'art de bien dire ; il choisit ce qu'il y a de mieux parmi les modernes, la tribune française le charme et l'attire. Quand le maraîcher de Saint-Cyr a vendu à Lyon ses plus belles fleurs, il ne quitte point la ville sans avoir lu la feuille du jour : trop pauvre pour l'acheter, il apprend par cœur les discours qui excitent l'attention publique, et revient dans sa maisonnette, rapportant à sa femme le produit du marché, à son Henri les grandes pensées et les beaux sentiments de la tribune française. Chateaubriand, Lainé, Berryer, Guizot deviennent ainsi les hôtes du jardin et l'entretien de ces soirées charmantes où un paysan voulait faire rêver à son fils les palmes séditieuses de l'éloquence humaine.

J'ai avoué jusqu'où allait l'ambition du père, mais je me hâte d'ajouter que le fils avait déjà élevé plus haut ses pensées et son cœur. En lisant la vie des Saints, il avait appris sous quels patrons le baptême l'avait placé. Le nom de Claude lui rappelait l'esprit de sagesse et d'humilité ; le nom d'Henri l'esprit de force et de suprême dévouement à l'Église. Ajoutez à ces deux noms, l'un d'un grand évêque, l'autre d'un grand empereur, celui d'Augustin, le plus grand peut-être de tous les docteurs de l'Église, c'est le nom que Claude-Henri Plantier reçoit le jour de la confirmation, c'est le nom de la science. Sous de tels auspices que ne veut-il pas apprendre, pour être apte à combattre et digne de vaincre ?

Il combattra d'abord, dès l'âge le plus tendre, le vent, la neige, le froid, faisant, chaque jour deux fois, trois quarts d'heure de chemin pour aller recevoir les premières leçons de sa langue chez l'honnête instituteur de Saint-Cyr, partant de grand matin, et emportant au bras, dans le même panier, les livres et le pain de la journée. Puis un autre Lhomond s'ajoute au premier et les études latines commencent. Ce n'est plus l'instituteur, c'est le curé que fréquente chaque jour le fils du jardinier. Mais le vénérable curé, M. Dezeure, a deviné dans son écolier, l'espérance de l'Eglise de Lyon, la gloire de l'Eglise de Nîmes. Il l'admet dans sa maîtrise, lui enseigne le plain-chant et les cérémonies, le revêt de la soutane et du surplis, et reçoit de ses mains sur les degrés de l'autel, le pain et l'encens du sacrifice. Saint prêtre, soyez béni ! Je devais prononcer votre nom devant ces tabernacles, car Mgr Plantier vous a associé dans ses souvenirs à toutes les gloires de sa vie. Et vous, jeunes enfants qu'il a tant aimés, et que je dois élever à son exemple à l'ombre de cette cathédrale, que Dieu daigne bénir aujourd'hui votre nombre toujours croissant, et favoriser les desseins que j'ai conçus pour l'avenir de votre école ! En fondant cette maîtrise, Mgr Plantier a payé à l'Eglise la dette de reconnaissance. C'est à son indigne successeur de comprendre jusqu'où va toute cette dette, de la signaler, de la prendre pour lui-même, de l'acquitter dans toute son étendue.

Le jour est venu où Claude-Henri doit quitter la maîtrise du village pour aller achever au séminaire de l'Argentière ses études classiques. Ce n'est plus un père à vaincre et à charmer en luttant avec lui dans les exercices de la mémoire, c'est cinquante condisciples qu'il n'ose se promettre d'atteindre et qu'il finira par dépasser tous. Dirai-je qu'il cultiva le vers latin avec un zèle qui alla jusqu'à la passion ? Encore un exercice passé de mode, qui faisait autrefois l'honneur de nos classes, qui en est ensuite devenu le désespoir, et qu'on en a banni au nom du progrès ! Encore une lutte, où l'esprit acquiert une trempe vigoureuse, en se mesurant avec les anciens et en reproduisant leur pensée, leurs images, leurs sentiments, dans la mesure étroite où les resserrait leur génie pour leur donner plus d'impétuosité et de grandeur ! Je passe sous silence les victoires du lauréat de l'Argentière. Dieu qui voulait le frapper pour l'avertir à chaque étape de sa vie, ne lui permit pas de rapporter à sa mère sa première couronne. Sa mère n'était plus, la première fois qu'il revint du collége. Dieu avait décidé que les premiers adieux, faits par le fils à la mère sur le seuil du foyer, seraient des adieux éternels. «Pauvre femme ! Pauvre mère, s'écrie le lauréat déconcerté à son retour par un vide inattendu, que de joies savoureuses, que de salutaires directions ont été ravies à ma jeunesse par votre mort prématurée ! Mon Dieu ! Mon Dieu ! tenez compte à son âme non seulement du bien qu'elle m'avait déjà fait quand elle a dû retourner à vous, mais aussi de celui que son cœur si tendre se promettait de me faire encore. »

Ah ! c'est une grande leçon que donne l'image de la mort ainsi placée au commencement de toutes les voies d'un jenne homme. Henri Plantier la vit encore apparaître le jour où il quitta l'Argentière pour entrer en théologie. Son père qui s'était remarié depuis un an, devint veuf pour la seconde fois, et le jeune élève du sanctuaire eut à pleurer une belle mère qui avait voulu être sa bienfaitrice. Ne soyez pas surpris qu'au milieu de ces épreuves, son âme se détache de plus en plus du monde et de ses vanités. La passion de l'étude l'a envahi tout entier, et son cœur est, comme son esprit, tout entier à Dieu et à l'Eglise. Il est entré dans la célèbre école ecclésiastique des Chartreux à une date qui ne promettait guère que des combats aux aspirants du sacerdoce ; mais ni la révolution qui vient d'éclater à Paris pendant les trois fameuses journées de 1830, ni les troubles qui éclatent à Lyon en 1832 n'ébranlèrent ses résolutions. On le voit, dans le cours de sa philosophie, se rendre familiers tous les secrets d'une logique serrée, vive et pressante ; il prend corps à corps les adversaires de la vérité, il les terrasse dans les joûtes de l'école, et désormais sûr de sa méthode comme de lui-même, le voilà qui s'engage avec les saintes Ecritures, avec les Pères de l'Eglise, avec les théologiens et les orateurs, au milieu des grandes luttes que l'Eglise livre depuis dix-huit siècles aux ennemis de sa doctrine et de sa morale. L'école des Chartreux, fondée à Lyon en 1816, sous le patronage de S. Irénée, de S. Ambroise et de S. Charles était devenue célèbre par ses missions, ses retraites, ses carêmes, comme par les travaux de l'enseignement et la direction des communautés religieuses. Les grandes chaires lui doivent des orateurs, la France et l'Amérique des évêques, les monastères des directeurs spirituels, tous d'un noble caractère, d'un rare talent et d'une profonde piété. On les reconnait à l'élévation de leur esprit comme à la simplicité de leurs mœurs et à l'attachement qu'ils professent les uns pour les autres. M. l'abbé Plantier ne cessa d'aimer cette école qui l'avait élevé dans des sentiments généreux, des vues droites et des pratiques de foi aussi sincères que persévérantes. Il se rappellera toujours avec une douce émotion, le jour où il alla frapper à la porte de cette communauté et où il quitta, dans sa cellule, l'habit du siècle pour prendre la soutane. Il entendra sans cesse retentir à son oreille la voix du supérieur qui, le soir même, à la lecture spirituelle, transforma d'un mot son âme d'écolier et en fit une âme de prêtre : « Persuadez-vous bien, disait M. l'abbé Mioland, que personne d'entre nous n'est nécessaire et que, sans vous, le monde continuerait à marcher. » Cet homme de Dieu disait encore : « Votre vie tout entière doit partir d'un seul centre et se développer d'après une seule loi, la volonté de Dieu » (1).

Cette volonté sainte, dont l'abbé Plantier se fera l'exécuteur contre lui-même, le rend docile, malgré ses appréhensions et ses dégoûts, à tout ce que lui demande la règle de la maison. On le charge de visiter l'hôpital et les prisons militaires, c'était une mission antipathique à sa nature, soit à cause de la délicatesse de ses organes, soit à cause de la timidité de son caractère. Mais il ne voit là qu'une nou-

---

(1) M. l'abbé Mioland, devenu évêque d'Amiens, mort archevêque de Toulouse.

velle occasion de se combattre et de se vaincre, il cache ses dégoûts et
supplée à l'attrait par l'exactitude. « Mon cœur, dit-il, était un peu
froid, je dois l'avouer à ma honte, mais ma ponctualité fut inflexible,
et j'ose espérer que devant le bon Dieu, ma persévérance compensera
l'élan qui manquait à mon âme. » Jusqu'où n'ira-t-il pas pour combattre
et vaincre dans cette lutte qu'il a livrée à la nature ? Un jour il quitte
Lyon en secret et va faire à la grande Chartreuse un essai de vie
monastique. Là son cœur est heureux, mais son corps succombe sous
le poids des mortifications, il faut renoncer au cloître et rentrer dans la
vie commune. Revenez, Dieu le veut, dans la chère maison dont vous
êtes déjà la gloire, Dieu le veut pour vous préparer par l'étude aux
grands combats de son Eglise. A Lyon comme à la grande Chartreuse
ne sera-t-il pas tout entier au Seigneur ? Il reçoit les ordres sacrés dès
le premier jour où sa liberté peut s'engager aux yeux du monde, et les
années qui le séparent encore du sacerdoce ne font que rendre son
sacrifice plus complet. A peine est-il monté à l'autel qu'il franchit
presque d'un seul pas tous les degrés de la hiérarchie. Demandez-lui
les travaux les plus rudes et les plus divers, sa tête ne fléchira pas.
On le nomme à vingt-cinq ans à la chaire d'hébreu, à peine res-
taurée dans la faculté de théologie de Lyon, il y monte et faisant deux
parts de son temps, il donne l'une à l'explication des textes, et les
savants s'étonnent de sa science précoce, l'autre à la poésie des
livres saints, et les littérateurs croient entendre Lowth, Herder,
La Harpe. Sera-t-il un linguiste consommé ou un poète de la
bonne école ? On se le demande quand on lit ses études littéraires sur la Bible, premier et brillant essai de sa plume. On
hésite à se prononcer, mais les sœurs de S. Joseph qui ne
connaissent ni l'hébreu, ni la poésie, n'hésitent pas à voir en lui le
guide consommé des âmes et le parfait modèle de la vie spirituelle
dans le plus jeune des directeurs. Il les dirigea quinze ans avec une
autorité égale à sa discrétion, relevant la faiblesse, modérant la force,
excitant le zèle, déroutant les intrigues qui voulaient les perdre, affer-
missant ainsi, à force de conseils et de tendresses, cette congrégation jusqu'alors incertaine et chancelante, mais désormais assurée de
son avenir sous la main qui en avait pris un si charitable soin.

Cependant, le théâtre de ces pacifiques combats va s'agrandir, et
l'humble lutteur du cloître, devenu à trente-deux ans le prédicateur

des retraites ecclésiastiques, porte de toutes parts à ses frères dans le sacerdoce le secours de sa science et de son courage. Quelle nouvelle et silencieuse arène! Mais quels combats! quelles victoires! quels triomphes ! Vingt diocèses ont entendu la parole de M. l'abbé Plantier dans ces jours de recueillement, où les vétérans du sacerdoce se mêlent aux plus jeunes athlètes pour repasser dans une profonde méditation les grandeurs de leur état et les redoutables responsabilités de leur ministère. Rien n'est plus libre que ce sublime apostolat des retraites pastorales, les besoins de la religion y autorisent toutes les hardiesses ; mais cette liberté est toujours mêlée de respect et d'amour, car les cheveux blancs du prêtre qui écoute commandent à la jeunesse du prêtre qui enseigne une sorte de pudique réserve. C'est là qu'il faut trembler et pâlir devant les plaies du sanctuaire, mais c'est là qu'on se console et qu'on se ranime à la vue de tant d'âmes sacerdotales fidèles à leur vocation et qui portent la grâce du Seigneur dans des vases d'une incorruptible beauté. C'est là que le démon rôde avec le plus de fureur, pour ravir avec l'âme du prêtre celle du peuple confié à sa garde. Mais quand vous avez rendu à elle-même cette âme qui ne se connaissait plus, quel baptême d'honneur et de gloire vous lui donnez par vos larmes, et avec quelle joie vous l'emportez, au milieu de vos prières et de vos soupirs, sur les hauteurs d'où l'avait précipitée sa faiblesse. Pour de telles batailles, les armes sont toujours à fourbir. Aussi ne craignez pas que dans ces vingt diocèses, où se fait entendre l'orateur de Lyon, sa parole ne paraisse une redite. On peut l'entendre chaque année sur le même sujet, on le trouvera toujours saisissant, toujours plein d'à-propos, renouvelant avec de piquants détails un sujet connu, appropriant chaque sujet à chaque diocèse et à chaque auditoire, et faisant aux événements et aux besoins du jour l'application des lois éternelles de la conscience humaine et de l'honneur sacerdotal.

Paris l'avait entendu au séminaire de Saint-Sulpice, Paris voulut l'entendre dans la chaire de Notre-Dame, et le témoignage du peuple confirma celui du clergé. Quel périlleux honneur d'aborder cette chaire d'où le P. de Ravignan venait de descendre et où le P. Lacordaire régnait encor ! M. l'abbé Plantier ne se refusa point à la comparaison. Ce n'est pas avec ces grands génies et ces grands noms qu'il venait lutter, mais avec la fausse philosophie qui régnait dans

les écoles, dans les livres, dans les journaux, et qui corrompait l'âme
de la France. Avec moins de modestie, il aurait redouté un ministère
auquel il n'avait pu donner que deux mois d'étude et de prépara-
tion, mais David qui n'a qu'une fronde pour frapper Goliath, recula-
t-il devant le géant qui insultait le camp d'Israël ? M. l'abbé Plantier
descend du coteau de Fourvières, avec sa petite taille, son nom à
peine connu, son accent et ses manières qui sentent la province,
tous les désavantages de sa frêle constitution. Il prêche à Notre-
Dame, devant l'auditoire le plus illustre et le plus difficile de l'univers,
le carême de 1847 et l'Avent des deux années suivantes. La philosophie
moderne et ses erreurs, l'Eglise et son autorité doctrinale, l'incrédu-
lité et ses objections, toujours anciennes et toujours nouvelles, firent
la matière de ces belles conférences que l'apologétique n'a pas ou-
bliées et qui assureront un rang honorable au prédicateur lyonnais,
parmi les vigoureux athlètes que S. Ignace et S. Dominique
envoient tantôt ensemble, tantôt tour à tour dans la chaire de Notre-
Dame. Le prélat qui l'avait appelé le soutenait dans ses débuts,
signalant les plus petits défauts de plan, les moindre taches littéraires, les expressions un peu hasardées. Rien n'eut fait soupçonner
dans Mgr Affre une finesse d'appréciation si exquise. Ni le caractère
de sa physionomie, ni l'habituelle indicision de sa parole, ni le sujet
de ses études favorites, ni le titre et l'objet de ses savants ouvrages,
rien ne décelait en lui un juge de l'éloquence sacrée. Mais qui
aurait soupçonné dans le même prélat le martyr volontaire des
journées de juin? Ainsi le monde se trompe dans ses jugements, et
chaque homme ignore sa propre destinée. Quelques mois après ces
entretiens oratoires et littéraires entre l'archevêque de Paris et le prédicateur de Lyon, la révolution gronde, la barricade s'élève, le canon
tonne, le sang de la France coule à grands flots. Ce sang, qui l'arrêtera?
c'est le plus modeste et le plus pacifique des évêques. Ce sang, il
l'arrête en offrant le sien, et le sang de Mgr Affre demeure pendant
vingt ans le dernier versé. Mais je m'attarde à vous peindre la mort
de Mgr Affre, et je ne dois pas oublier que je vous dois le récit de
l'épiscopat de Mgr Plantier. Paris a eu son martyr ; Nimes aura son
confesseur. N'en doutez pas, quand l'archevêque de Paris tombait avec
tant d'héroïsme, il eut un regard et un souvenir pour le jeune prêtre
avec qui il s'était entretenu des intérêts de l'Eglise. C'est Joad qui

appelle au combat son compagnon d'armes et qui lui dit ces fortes paroles de l'Ecriture : Viens, sois brave et combattons ensemble pour le peuple et pour la cité de Dieu : *Esto vir fortis et pugnemus pro populo nostro et civitate Dei nostri.*

II. — Un saint Pontife, aimé de Dieu et des hommes, avait rendu son âme à Dieu, dans cette cité, le 12 août 1855, et laissé aux hommes ses immortels exemples. Voici les prophétiques paroles qu'il murmura d'une voix mourante en regardant pour la dernière fois la chaire épiscopale de Nimes : « Je suis au terme de ma course et je vais entrer dans la maison de mon éternité. J'ai travaillé à combattre le bon combat avec les armes de la prière et de la douceur; un autre viendra après moi, qui combattra victorieusement avec les armes de la doctrine et de l'éloquence. » Vous venez d'entendre Mgr Cart, et vous voyez déjà apparaître Mgr Plantier. Dieu tenait en réserve pour l'orateur de Lyon ce siége où je sens chaque jour davantage qu'on peut lui succéder, mais qu'on ne le remplacera jamais. Son élévation était décidée dans les conseils de l'Etat. Déjà un ami lui avait proposé le siége de Verdun, mais il avait répondu qu'il ne voulait rien devoir à l'amitié dans une si grande charge. Le siége du Mans vacant par la mort de Mgr Bouvier, avait paru situé dans un climat trop froid pour s'accommoder aux exigences d'une frêle santé. Nimes, dont la vacance semblait imminente depuis près d'une année, était comme indiqué par la Providence. Mgr Cart avait deviné le caractère et les mérites de son successeur. Il était difficile il est vrai, d'arracher M. l'abbé Plantier au conseil du cardinal de Bonald , archevêque de Lyo n, car ce grand prélat qui fait tant d'honneur à vos contrées venait de l'associer à son administration avec le titre de grand vicaire, dans l'espérance de mettre longtemps son mérite à profit. Mais ne faut-il pas compter pour quelque chose l'intervention glorieuse du saint qui demande cette élection. Quinze jours s'écoulent à peine qu'elle a comblé tous les vœux. On dirait que Mgr Cart n'ait pris que le temps d'aller au Ciel et de présenter sa prière au Prince des pasteurs.

Tout souriait, ce semble, à l'Eglise de France, quand Mgr Plantier prit possession de son siége. L'enseignement gardait ses franchises, le ministère ecclésiastique était honoré, la liberté des conciles n'avait point d'entraves et la dynastie nouvelle semblait s'appuyer sur la religion pour jeter dans le pays de vigoureuses et profondes racines. La naissance d'un prince dont Pie IX fut le parrain et qui convoqua tous les Evêques à son baptême ajoutait à la sécurité du présent les espérances de l'avenir. Déjà la voix publique marquait l'Evêque de Nimes, comme un autre Bossuet, pour présider à l'éducation de celui qui ceindrait un jour la première couronne de l'univers. Que dira l'histoire de ces commencements trop tôt démentis ? Comment la politique du Prince se changea-t-elle sous le coup de la menace pour sacrifier les intérêts de l'Eglise au vain espoir de sauver la dynastie, et de désarmer ainsi la Révolution qui montrait son poignard ?

Dans ces premières années de confiance ou d'illusion, votre pasteur ne regarda guère au-delà de son peuple et de son Eglise. Les combats du dedans suffisent à faire éclater sa grande âme. Il combattait pied à pied toutes les erreurs qu'il rencontra sur son chemin, se souvenant qu'au jour de son sacre, trois Evêques joignant leurs mains au dessus de sa tête pour le couronner de la mitre, avaient demandé au Seigneur que cette tête ornée des cornes de l'un et l'autre Testament apparut vraiment terrible aux adversaires de la vérité. Il fallait de la résolution pour engager le combat, le jeune Evêque se montra résolu. Vous savez avec quelle franchise il revendiqua contre les doctrines de Calvin les droits de la vérité catholique, étudiant la réforme dans sa source, démontrant ses torts, rappelant ses excès, concluant avec autant de justesse que de courage contre les pères qui avaient égaré leur postérité : Voilà la part qu'il faut faire dans sa devise au lion des batailles : *fortius leone*. Mais ce que l'on ne sait pas assez, c'est que le lion terrible s'adoucissait et devenait comme un agneau, comme un abeille, quand il avait devant lui, non plus les erreurs, mais leurs victimes : *Dulcius melle*. Vous avez comparé cent fois vos deux derniers Evêques dans leurs rapports avec leurs enfants égarés : l'un semble s'être attaché à les plaindre, l'autre à les avertir ; l'onction domine dans Mgr Cart, la force dans Mgr Plantier, mais lequel des deux a été meilleur père ? C'est demander lequel a su le mieux aimer, bénir, sauver son peuple. Je laisse à la grâce tous ces secrets, ne demandant à mon tour à mes deux illustres devanciers que la permission de combattre sous le même drapeau et avec les mêmes armes pour vous aimer, vous bénir et vous sauver encore.

Ecrire, c'est combattre, mais qu'est-ce que la plume sans l'action ?

Il faut agir, donner, ouvrir sa bourse autant que son cœur, et ne jamais compter avec les sacrifices. Mgr Plantier a relevé de l'oubli et du découragement les paroisses de son diocèse où la vérité a contre elle le nombre, l'influence, l'autorité. Il y a élevé ou restauré de ses deniers, églises, presbytères, écoles ; il y a envoyé l'élite de ses prêtres; il a entouré cette avant-garde de considération et d'honneur, et quand on succombait à la tâche, de quel cœur n'accueillait-il pas ces soldats un moment découragés qui venaient reprendre auprès de lui force et vigueur. Ailleurs, les merveilles de l'industrie appellent les merveilles de son zèle. Quelle sollicitude pour la paroisse encore si nouvelle de Bességes qui devient sous ses yeux une grande cité ? Tamaris, Roche-Sadoule, la Grand'-Combe, La Vernarède sortent comme des entrailles fécondes de la terre pour étaler au grand jour les récoltes de leurs mines plus fertiles que les campagnes et leurs foyers où le génie étincelle à travers des flots de fumée. Votre Evêque bénit l'école qui commence, l'église qui s'ouvre, l'hôpital destiné aux invalides du travail, offrant ainsi sa parole et son cœur pour combattre les grands combats de l'industrie moderne, et la rendre vraiment féconde en la rendant vraiment chrétienne. Le peuple chrétien s'est augmenté ainsi, dans ce diocèse, de trente mille combattants. N'est-ce pas un triomphe pour le chef et pour l'armée ? Quel chef a gagné plus de victoires ? Quel Evêque a vu augmenter dans de telles proportions le nombre de ses fidèles ?

Ces paroisses nouvelles devenues comme un champ de bataille plaisaient tellement à son courage qu'il prévenait souvent par des visites les désirs du pasteur et du troupeau. C'est là qu'il aime à prêcher et à bénir, et quand il ne lui est plus donné de jeter sa parole du haut de la chaire, il va catéchiser dans les classes. Là vous le verrez, vous l'entendrez jusqu'à la fin. Ni les froids de l'hiver, ni les chaleurs de l'été, ni les épreuves de la maladie ne l'arrêtent un seul jour. Sa voix perdue se ranime, et l'enfant qui la recueille croit entendre la voix du lion jusque dans les derniers bourdonnements de l'abeille expirante. Toujours la force et toujours la douceur. *Fortius leone, dulcius melle.* S'il faut quelque distraction à ce grand lutteur, la nature les lui présente et la profession de son père les lui rend en quelque sorte plus agréables et plus intimes. Le fils de jardinier de Saint-Cyr ne cache pas, même sous la mitre, le goût qu'il a pour les roses, il les cultive de ses propres mains dans les jardins de l'évêché et il en parle dans les expositions florales avec l'entente, le goût et l'amour d'un artiste. L'élève de la maîtrise se retrouve partout avec sa prédilection pour la musique « cette poésie des sens que Dieu a créée pour le chanter comme il n'a créé la poésie, cette musique de l'âme que pour le glorifier dans un noble langage. » C'est ainsi qu'il parle dans ses *Discours de circonstance*, prêtant l'éclat de sa parole tantôt aux plus brillantes cérémonies pour les relever encore, tantôt aux fêtes les plus humbles pour les rendre populaires, partout laissant échapper de la gueule enflammée du lion le miel de l'industrieuse abeille, et faisant admirer l'artiste par ceux mêmes qui refusent leur obéissance à l'évêque. Mais ne vous y méprenez pas, ses moindres discours ne respirent qu'un sentiment, et ce sentiment est toujours le même, c'est l'amour de son peuple et l'ardeur de le servir, en l'élevant à Dieu sur les ailes de la nature, de l'industrie et de l'art chrétien : *pugnemus pro populo nostro*.

De retour à Nimes, lui sera-t-il permis de déposer un seul instant les armes de la sainte milice ? Non, sa sollicitude recommence et l'évêque change de théâtre sans changer de devoir. Il faut, du haut du siége qu'il occupe, faire pénétrer la vie religieuse dans tous les quartiers de la cité dont il porte le titre. Autour de la Cathédrale, qui est l'Eglise-mère, reine et maîtresse de la contrée, s'étendent et montent jusque sur des collines de nouvelles paroisses qu'il a la mission d'étendre encore. Saint-Paul lui a été légué par son prédécesseur comme un modèle d'architecture. Il achève et consacre Sainte-Perpétue, il bénit la première pierre de Saint-Baudile, il ouvre à l'une des extrémités de la ville, l'église de Saint-François-de-Sales. Les Petites-Sœurs des pauvres, le couvent de Saint-Charles, les Dames de l'Assomption, les filles de S. Augustin et de S. Benoit naissent et grandissent sous sa féconde protection. Cette protection s'étend d'un bout du diocèse à l'autre, à toutes les maisons d'éducation et de retraite que peut souhaiter le zèle d'un évêque. Il a agrandi le séminaire de Beaucaire et l'a comme accablé des marques de sa munificence. Il a pris sous ses ailes le collége de Sommières et n'a cessé de lui témoigner le plus vif et le plus paternel intérêt. Que de bontés surtout pour cette école de science et de vertu où les aspirants du sacerdoce se forment au saint ministère ! Le Grand-Séminaire est comme le centre auquel aboutissent toutes ses œuvres. Il en fait le principal objet de ses préoccupations pendant sa vie, présidant aux examens des jeunes clercs, renforçant par ses exemples l'argumentation des concours, animant de sa présence, de sa parole et de ses conseils la jeune armée qu'il voulait mener aux combats du Seigneur. C'est là qu'il assemble son clergé dans les saintes retraites dont il était l'âme, là qu'il préside un grand synode et qu'il renouvelle les règles de la discipline, là qu'il met son cœur, ses espérances, et comme tout son avenir. S'il lui faut faire un testament, il ne sait pas encore ce que la mort lui laissera, mais qu'importe que l'héritage soit incertain, l'héritier ne saurait l'être, cet héritier c'est le séminaire, et le séminaire, c'est vous, peuple de Nimes et de tout le diocèse pour lequel il ne cesse de combattre, de donner, de donner encore, jusqu'à recueillir, instruire, sauver, par ses précautions et ses bienfaits, votre postérité la plus reculée : Voilà comment Mgr Plantier a combattu pour son peuple jusqu'à la fin, en vérifiant le mot des Ecritures et l'oracle qui l'avait appelé: *Pugnemus pro populo nostro.* .

Mais cinq ans ne s'étaient pas écoulés que l'évêque de Nimes semble comme investi d'une mission nouvelle et sacré pour les grandes batailles dont le monde entier va être le témoin. Ce n'est plus seulement un diocèse à garder et à défendre, c'est la cité toute entière de notre Dieu qu'il faut venger. Cette cité universelle, c'est l'Eglise. On lui dispute la possession de son pouvoir temporel, insinuant qu'elle serait plus indépendante et plus belle que jamais le jour où elle l'aurait perdu. Je ne raconterai pas le congrès de Paris, la campagne d'Italie, les fameuses victoires dont les sages hésitaient à se réjouir, parce qu'ils voyaient assez que la France n'y recueillerait que l'ingratitude. C'était le conseil de Dieu d'apprendre au monde qu'on ne remue pas impunément la borne que Charlemagne a plantée autour des domaines du Vicaire de Jésus-Christ, et que la sagesse de notre siècle est bien courte quand elle prétend défaire ce que huit siècles de sage et grande politique ont respecté. Ici paraissent les champions de la cause romaine : Orléans, Perpignan, Poitiers, Nimes, voient, dès la première bataille, leurs pontifes descendre dans l'arène et lutter, avec le glaive de la parole, partout où le pouvoir des papes subit quelque diminution ou redoute quelque atteinte. Ce fut votre gloire d'entendre et de voir votre évêque partout au premier rang. Vous l'avez entendu pleurer sur les martyrs de Castelfidardo, et les zouaves naissaient de ses larmes saintes comme d'une glorieuse semence pour aller renforcer les défenseurs du Saint-Siége. Vous avez applaudi à la réfutation éloquente et concise qu'il faisait de ces brochures destinées à préconiser la politique nouvelle, et à peine aviez-vous recueilli le premier écho de sa parole, qu'elle se multipliait dans toutes les langues et que de l'Angleterre à l'Italie, de la Russie à l'Espagne, de Paris à New-Yorck, une traduction rapide portait dans les deux mondes l'ardeur éloquente de votre évêque et le nom de son siége illustré par son courage. Qui n'a pas lu dans une langue ou dans une autre, *Pie IX, défenseur et vengeur de la civilisation* ? C'est le cri de la vérité, de la justice et de l'honneur, et le palais d'où il est sorti a été salué dans le monde comme le temple de l'éloquence chrétienne. Qui n'a pas connu cette triste persécution déclarée à votre évêque pour avoir averti un ministre de la méprise qu'il commettait en regardant du même œil et en mettant sous la même surveillance la conférence de Saint-Vincent-de-Paul, qui ne fut jamais une société secrète, et la franc-maçonnerie qui le sera toujours, en dépit des princes qui la prennent à leur service et des dupes qui paient son budget. Regardez après quinze ans et dites où est le danger de la France et du monde. Elle vit, elle prospère, cette société fameuse qui compte ses loges par milliers et ses ressources par millions. Le trône qui la soutenait a été emporté, comme tant d'autres, par la tempête; mais la guerre qu'elle fait à l'Eglise se continue dans vos villes et dans vos campagnes, vous en subissez, sans le savoir, les affreuses conséquences, et quant au lendemain d'un fatal vote qui vous enlève la direction des affaires, vous cherchez par quelles mains la révolution a ébranlé la France, rappelez-vous que votre évêque a souffert persécution pour avoir signalé au monde les dangers de la franc-maçonnerie, et que Pie IX l'a signalée, condamnée, réprouvée du haut de son siége avec toutes les erreurs modernes.

Pouvait-il en être autrement ? Quand le pape a parlé, l'évêque le suit. Mgr Plantier a suivi partout ce guide infaillible et il en a reçu les communications les plus intimes dans une affaire qui trouble encore aujourd'hui le monde et le démon. En défendant le pouvoir du Saint-Siége, votre évêque ne défendait que les premières murailles et comme les forts avancés de la cité de Dieu. Cependant le pouvoir spirituel avait ses ennemis même dans la place, on pressait le Saint-Siége de

se réconcilier avec l'esprit moderne, et ceux qui cherchent perpé-
tuellement à prendre la mesure des hommes et des choses, finissaient
par rêver la règle d'une foi obscurcie, d'une morale relâchée et
d'une facile discipline. Après avoir signalé cent fois dans ses allocutions
et dans ses lettres ces folles erreurs et ces molles concessions, Pie IX
en fit le catalogue dans le *Syllabus* et en prononça l'irréfutable condam-
nation dans l'encyclique *Quantâ curâ*. Deux grands pontifes apparais-
sent à côté du Saint-Père dès le début de ce nouvel assaut. L'un, c'est
Mgr Gerbet, évêque de Perpignan, avait préparé le *Syllabus;* il mourut
après l'avoir envoyé au Souverain-Pontife et il a vu du haut du Ciel les
frémissements de l'enfer débordé de toutes parts. L'autre, c'est Mgr
Plantier, évêque de Nimes, reçut des mains du Saint-Père, le premier
exemplaire de l'encyclique à peine sortie de l'imprimerie pontificale.
N'était-ce pas une invitation à méditer ce grand acte et à en prendre
le premier la défense ? Votre pasteur n'y manquera pas : de la même
plume dont il a flétri l'entreprise sacrilége du nouvel Arius qui a
attaqué la divinité de Jésus-Christ, il défend Pie IX aux prises avec la
politique, avec la presse, avec l'opinion, il démasque les faux amis, il
rallie les timides, il rentre chaque matin dans la lice, toujours avec
un nouveau courage, toujours avec de nouvelles victoires. Non, la
cause commune n'a jamais eu ni de plus intrépide athlète ni de servi-
teur plus fidèle. Son nom est prononcé comme celui des braves, et
quand on le montre à ceux qui ne l'avaient jamais vu, ils le regar-
dent, ils le reconnaissent, ils disent : Voilà l'homme du bon combat.

Ainsi parlait, écrivait, se battait cet évêque d'un si grand esprit et
d'un si grand cœur. L'admiration publique le suivait partout : à
Saint-Maximin où il remplace le P. Lacordaire pour célébrer les
mérites de sainte Madeleine ; à Arras, où il apporte aux fêtes de la
béatification du B. Labre le tribut de sa parole ; au congrès
catholique de Malines, où son nom est salué par de chaleureuses ac-
clamations. On l'appelait partout, mais aucune ville ne l'a vu plus
souvent que la Ville éternelle. Sept voyages entrepris, malgré sa
santé, pour porter aux pieds de Pie IX l'expression de son filial
amour, sont autant de triomphes pour son diocèse que de consola-
tions pour lui-même. Tantôt il paraît à l'audience du Pape escorté
d'une foule de prêtres qui forment autour de lui comme un synode,
et les bénédictions du père des fidèles semblent descendre sur tout le

diocèse avec une grâce particulière pour chaque paroisse. Tantôt il y est admis d'une manière plus intime, appuyé sur le bras de ce fidèle et intrépide vicaire que Mgr Cart lui a légué pour le soutenir et qui me soutient à mon tour dans l'administration de l'Eglise de Nimes. (1) Il rapporte par là, très publiquement, à celui qui le mérite si bien, l'esprit de soumission et de dévouement dont votre Eglise est animée depuis tant d'années envers le Saint-Siége. Le concile du Vatican l'attendait avec impatience. Il s'y prépare, il y arrive le premier, il est élu d'une voix unanime parmi les pères qui forment la congrégation chargée d'examiner la doctrine. Mais à peine élu, l'impitoyable maladie le frappe, le condamne au repos, et le réduit, ce semble, à la dernière extrémité. Vous étiez là, mon révérend père, priant auprès de lui, dissipant nos alarmes, affirmant que votre cher évêque sortirait de cette crise affreuse. Vous avez vu toute la catholicité s'inscrire au parloir du séminaire français pour transmettre au loin les espérances que nous donnait votre amour. Vous avez vu Pie IX au chevet de l'illustre malade, et cette visite d'un si bon augure, a justifié vos prévisions sur le rétablissement d'une santé si chère au monde. Pourquoi ne dirais-je pas que Mgr Plantier a pu voir de ses yeux quelle grande place il tenait dans les préoccupations de la chrétienté. Il a quitté Rome après cinq mois, qui avaient été cinq mois de souffrances, mais s'il ne lui a pas été donné de voter de sa bouche, dans l'assemblée conciliaire, le dogme de l'infaillibilité, il reviendra deux ans après, et il retrouvera les traces immortelles de son dernier séjour. La salle du concile est fermée, Rome est aux mains de l'ennemi, le Vatican est une prison, Pie IX ne saurait en sortir, mais notre évêque lira, sur une table de marbre placée dans le séminaire français, que le pape alla visiter dans sa cellule l'évêque de Nimes, qu'il le consola comme un ami et qu'il le bénit comme un frère. C'était l'année du dernier Concile, la dernière année de la liberté de Rome, la première année de la captivité de Pie IX.

C'est assez pour un brave d'obtenir de son capitaine un tel témoignage. Nos ancêtres n'en recevaient pas d'autres, quand ils se trouvaient sur le passage de leur roi, et que ce roi leur disait, ne fut-ce

(1) Le R. P. d'Alzon, vicaire général, fondateur et supérieur de la congrégation des Augustins de l'Assomption.

que du regard : « Vous avez fait votre devoir, je suis content de vous. » Peut-être sollicitaient-ils alors quelque grâce pour leur fils que leurs exemples avaient formé au métier des armes, et dont ils attestaient la fidélité et la bravoure. C'était l'ambition de Mgr Plantier pour le jeune et éloquent prélat qui vient aujourd'hui offrir à cet autel la Victime de propitiation et de salut. Il eut le bonheur de lui donner l'onction épiscopale et de le voir mis à la tête de l'Eglise de Montpellier, comme pour le faire jouir, jusqu'à la fin, de tous les charmes de son commerce. Ne craignez rien, Monseigneur, pour votre humilité. Vous m'honorez de votre amitié, l'amitié a sa pudeur, je me tais sur vos vertus après avoir signalé votre élévation, et puisqu'il a plu à la Providence de rapprocher nos siéges comme elle avait depuis longtemps rapproché nos cœurs, plaise à sa miséricorde de nous tenir étroitement unis, la main dans la main, le cœur auprès du cœur, pour continuer le service de l'Eglise et du Pape, pour combattre, chacun pour notre peuple, mais tous deux du même élan et de la même voix, pour la liberté de la Sainte Eglise, plus menacée que jamais. *Pugnemus pro populo nostro et civitate Dei nostri.*

La joie d'avoir sacré un évêque pour l'Eglise de Montpellier fut précédée d'une vive et profonde douleur. Mgr Plantier avait perdu son père, et cette mort fut pour lui comme l'annonce du départ suprême. Voici le signe qu'il a trouvé à l'entrée de toutes ses voies. C'est le dernier et le plus solennel, car il part de la main d'un père ; mais cette voie est la plus belle de toutes, c'est la voie du paradis. Je ne vous retracerai pas les vives inquiétudes avec lesquelles vous l'avez vu comme frappé de mort entreprendre, deux années de suite, sa tournée pastorale. Vous saviez qu'une fièvre brûlante l'agitait pendant la nuit, mais il se ranimait chaque matin au son de la cloche qui appelait les fidèles à l'église, et il allait toujours sans regarder qu'il allait à la mort. Echappé en 1874 à un danger qui semblait imminent, il n'en est jusqu'à la fin que plus occupé de sa perfection, et cette perfection c'est de combattre. Encore quelques mois de repit! Encore quelques mois de bataille! Il préside la retraite de son clergé et parlant de la maladie qui l'a cloué pendant six semaines sur un lit de douleur, il déclare qu'il s'est offert en victime pour son peuple : voilà toujours le combat et toujours le bon pasteur : *pugnemus pro populo nostro.* L'année suivante, il se remet en marche et il achève, par un effort suprême, ses courses à travers les montagnes. Déjà ses mains défaillantes ne pouvaient presque plus tenir le saint Chrême, mais comment renoncer à le tenir encore, quand on s'attend à le recevoir de ses mains ? Encore un combat puisqu'il y a encore un bras qui se lève et une main qui peut tracer le signe de la croix. Il verse l'huile sainte à son retour sur les huit cents enfants qui l'attendent dans les six paroisses de la cité, et, à chaque pas qu'il fait, chacun semble voir la mort qui s'approche. La cérémonie est achevée, il s'arrêtera peut-être ; non, voici des prêtres à consacrer, c'est-à-dire des combattants à armer pour les batailles du Seigneur. Il les consacre, il les arme, et ne songe pas même à son propre péril. On l'attend au couvent de l'Assomption pour confirmer d'humbles et ferventes jeunes filles. O mort, éloigne-toi et laisse-lui encore cette fatigue qui l'épuise et cette joie qui le console. Les médecins redoutent une fin prochaine, ses amis semblent l'entrevoir, on le presse de se reposer un peu. Eh bien ! vous serez satisfaits, il se reposera, mais la plume à la main, traçant, de cette main qui tombe et qui se ranime à chaque ligne, l'instruction pastorale par laquelle il conviait son peuple au pèlerinage du Sacré-Cœur. Le 25 mai est arrivé, c'est le jour de la mort de S. Grégoire VII. Six mois avant il s'était offert pour son peuple ; ce jour-là il s'offre pour l'Eglise, afin que le texte de la Sainte Ecriture se vérifie jusqu'à la dernière lettre dans sa vie et dans sa mort. *Pugnemus pro populo nostro et pro civitate Dei nostri.* Le prêtre à qui il a confié cette sublime offrande la porte à [l'autel, et l'offrande à peine présentée, voilà le Pontife qui s'endort, comme au milieu de l'action de grâce. Il meurt debout près de son crucifix, entre sa plume encore humide des lignes qu'elle vient d'écrire sur le Sacré-Cœur, et son bréviaire entr'ouvert sur les leçons et les exemples de S. Grégoire. Personne n'a recueilli son dernier soupir, et il ne reste plus, quand il est échappé, qu'une belle tête penchée sur un corps débile. La mort avait passé, en cachant ses dernières approches, la mort avait frappé sous les armes ce grand lutteur qui avait combattu jusqu'à la fin et pour son peuple et pour l'Eglise.

Venez maintenant, venez, et vous qui ne croyez plus à l'âme et vous qui en avez gardé l'immortelle notion à l'école de l'Eglise.

Venez, regardez ce corps, prodige de faiblesse et de décomposition, où rien ne se soutient depuis tant d'années et où les membres semblent séparés d'avance , comme si le coup qui les frappe aujourd'hui n'était que le dernier effort, à peine entendu, d'un duel qui durait depuis soixante ans entre la vie et la mort. Regardez et dites si ce corps n'était pas soutenu par une grande âme. Dites si le souffle qui l'animait au dedans venait de ces organes affaiblis, de cette taille déprimée à l'excès, de cet assemblage de membres qui n'étaient point faits, ce semble, les uns pour les autres. Ah ! vous seriez bien malheureux si vous n'avez pas reconnu l'âme à travers tant de ruines accumulées, et si vous ne l'entendiez pas protester, en quittant ce monde, contre les doctrines qui l'assimilent à la matière. Partez, âme chrétienne, partez âme guerrière, vous avez fait voir que vous êtes non seulement distincte, mais vivante, mais vraiment maîtresse du corps que vous animiez, et qu'après une telle vie, la mort n'est pour vous qu'une délivrance, et une échappée vers le ciel.

Et vous, prêtres et fidèles, qui suivez du cœur cette âme d'élite à peine envolée, voyez, écoutez, voilà le nouvel Onias qui prie dans le ciel pour le peuple et pour la cité. *Hic est qui multum erat pro populo et universa civitate* (1). Il demande pour Nimes et pour tout le diocèse que son peuple demeure dans la fidélité qui fait sa gloire, que le clergé se recrute, que les générations nouvelles se forment sur le modèle des précédentes et que cette cathédrale reparaisse avec le caractère des anciens jours pour rappeler qu'à l'époque où elle a été bâtie, Nimes, comme l'histoire l'atteste, n'offrait qu'un seul troupeau et n'avait qu'un seul pasteur. C'est le vœu que je dépose en son nom, suppliant Dieu de le bénir aujourd'hui, renonçant même d'avance à en voir le triomphe pourvu qu'il s'accomplisse et qu'un autre en recueille tout l'honneur. Votre illustre pontife demande pour l'Eglise, patience, courage, victoire sur tous les rivages où ses enfants prêchent, bâtissent, combattent et meurent pour la servir. Il est mort à la tâche, ce saint évêque et la tâche est encore, après sa mort, plus ardue, plus triste, et comme plus remplie de sombres perspectives. Jamais la mêlée n'a été plus générale, tout nous trahit, nous raille ou nous abandonne, et les méchants prenant le bruit qu'ils font pour le signal de leur victoire prochaine , enferment de toutes parts l'Église de Jésus-Christ dans des catacombes plus redoutables que celles des premiers

(1) 2 Mac. XV, 14.

siècles pour lui interdire la vie sociale. Que les élus se joignent donc aux justes de la terre pour continuer un combat où notre insuffisance devient chaque jour plus éclatante. Non, l'intercession d'Onias ne cessera jamais et nous lui devrons le salut du peuple de Nimes et de toute l'Eglise militante : *Hic est qui multum erat pro populo et pro universa civitate.*

Pour moi, après avoir essayé de louer Mgr Plantier, je sens combien cet éloge est imparfait, et il me semble qu'en descendant de cette chaire, ces prêtres, ces magistrats, ces amis, tout ce peuple m'entourera pour se plaindre que j'ai omis tant de particularités importantes. Chacun de vous s'offrira à compléter ce panégyrique, celui-ci en rappelant telle vertu, celui-là tel trait de courage et d'honneur. Eh bien ! poursuivez cet éloge funèbre, vous m'enseignerez mes devoirs en me citant de nouveaux exemples de piété et de bravoure et nous combattrons ensemble, jusqu'à la fin, et pour le peuple de Nimes, et pour la France et pour l'Eglise.

Ainsi soit-il.

Nimes. — Imprimerie LAFARE Frères, place de la Couronne, 1.

www.ingramcontent.com/pod-product-compliance
Lightning Source LLC
La Vergne TN
LVHW051131060726
842526LV00006B/1996